CW01429487

Hawlfraint y dethol a'r darluniau: © Helen Exley, 1991

Cyhoeddwyd gyntaf ym 1993 gan Exley Publications Cyf., Chalk
Hill, Watford, Herts, WD1 4BN, dan y teitl *To a Very Special
Friend*.

ISBN gwreiddiol: 1-85015-262-4

Argraffiad Cymraeg cyntaf: 1994

Golygwyd gan Helen Exley
Darluniau gan Juliette Clarke
Testun Cymraeg: Elfyn a Nansi Pritchard

ISBN: 1-85015-565-8

Cysodwyd gan Y Lolfa Cyf., Talybont, Ceredigion, Cymru,
SY24 5HE.
Cyhoeddwyd gan Exley Publications Ltd., 16 Chalk Hill, Watford,
Herts, WD1 4BN.

WRTH FY OCHR

Paid â cherdded o'm blaen,
Fe all na wnaf dy ddilyn.
Paid â cherdded o'm hôl,
Fe all na wnaf dy arwain.
Cerdda wrth fy ochr,
A bydd yn ffrind i mi.

ALBERT CAMUS

. . .

Fy ffrind. Dwyt ti ddim yn
disgwyl gormod gen i. Rwyt ti'n
falch pan fyddaf yn llwyddo, ond
wna methiant ddim gwahaniaeth i
ti. Fe roddi di'r holl gymorth fedri di
i mi, ond y peth pwysicaf yw
dy fod ti yno.

WENDY JEAN SMITH

. . .

BETH YW FFRIND?

Ffrind yw person y gelli feiddio bod yn ti dy hun
yn ei gwmni.

PAM BROWN, g. 1928

. . .

Ffrind yw un sy'n casáu yr un bobl
ag yr wyt ti'n eu casáu.

DIENW

. . .

. . . Nid yw ffrind yn mynd ar ddeiet am dy fod
ti'n dew. Dyw ffrind byth yn amddiffyn gŵr sy'n
prynu sosban i'w wraig ar ei phen blwydd. Fe
ddywed ffrind wrthyt iddi weld dy
hen gariad – a'i fod bellach yn offeiriad.

ERMA BOMBECK, g.1927

. . .

Mae "ffrind" yn tarddu o air sy'n golygu "rhydd"
– un sy'n caniatáu inni'r lle a'r rhyddid i fodoli.

DEBBIE ALICEN

. . .

Ffrindiau go iawn yw'r rhai sy'n credu, ar ôl i ti
wneud ffŵl ohonot dy hun, nad yw hynny ond
rhyw wendid bach dros dro.

H.M.E.

. . .

CYSUR Y PETHAU BYCHAIN

O! y cysur na ellir ei fynegi, o deimlo'n ddiogel yng nghwmni rhywun, heb orfod pwyso a mesur na gair na meddwl, ond yn unig adael iddyn nhw lifo allan. Yn union fel y maent – y gwenith a'r manus yn gymysg, gan wybod y bydd rhywun ffyddlon yn eu hidlo a'u gwahanu, gan gadw'r hyn sy o werth a chwythu'r gweddill ymaith gydag anadl caredigrwydd.

MARY ANN EVANS (GEORGE ELIOT) (1819 -1880)

. . .

Ac mae pawb yn byw, nid oherwydd unrhyw ofal sy ganddynt amdanynt eu hunain, ond oherwydd y cariad tuag atynt sy mewn pobl eraill.

LEO TOLSTOY (1828 - 1910)

. . .

Llunnir hapusrwydd bywyd gan ronynnau
bychain – y pethau bychain anghofiedig megis
cusan neu wên, edrychiad caredig neu
ganmoliaeth ddidwyll.

SAMUEL TAYLOR COLERIDGE (1772 - 1834)

. . .

Bydd ffrindiau'n rhuthro ar draws y ffordd â
phlataid o sgons ffres.
Bydd ffrindiau yn eich nôl i weld y cathod bach.
Bydd ffrindiau yn dod â thoriadau o'r ardd i chi.
Bydd ffrindiau yn gadael afalau ar y stepen drws.
Bydd ffrindiau yn clirio'r eira o'ch rhan
chi o'r ffordd.
Bydd ffrindiau yn atal eich papurau pan
fyddwch chi wedi anghofio.
Bydd ffrindiau'n bwydo'r gath.
Mae ffrindiau'n gwbl anhepgor.

JUDITH C. GRANT, g. 1960

Mae ffrind yn rhoi "jam ar y frechdan" gyda galwad ffôn, ymweliad byrfyfyr, cyfarfyddiad ar siawns ac anrheg heb ei disgwyl.

J.R.C.

BETH YW FFRIND?

Gŵyr ffrind sut i anwybyddu swm dy sgwrs,
gan ymateb yn unig i'r sylwedd.
WILLIAM DEAN HOWELLS (1837 - 1920)

· · ·

Mae ffrindiau yn para'n ffrindiau am nad ydynt
yn ymyrryd ym mywydau ei gilydd.
RICHARD ALAN

· · ·

Mae ffrind yn parchu dy ddeiet.
PAM BROWN, g. 1928

· · ·

Fydd ffrind byth yn dweud, "Mi ddwedais i
wrthot ti " – er ei bod hi wedi gwneud hynny.
WENDY JEAN SMITH

· · ·

DIM ANGEN GEIRIAU

Rwyf wedi teimlo erioed mai'r bennaf fraint, y
gollyngdod a'r cysur mwyaf sy'n perthyn i
gyfeillgarwch yw nad oes raid esbonio dim.
KATHERINE MANSFIELD (1888 - 1923)

. . .

Daw gwir gyfeillgarwch pan fo'r tawelwch
rhwng dau berson yn dawelwch cyfforddus.
DAVE TYSON GENTRY

. . .

Tawelwch yw'r gwir gyfathrebu rhwng cyfeillion.
Nid y dweud, ond y ffaith nad oes angen dweud
sy'n cyfri.

MARGARET LEE RUNBECK

. . .

Doedd yna ddim oedd yn ddirgelwch yma – dim
ond rhywbeth preifat. Yr unig gyfrinach oedd yr
hen gyfathrach rhwng dau berson.

EUDORA WELTY, g.1909

. . .

Fe glyw ffrind y gân sy yn fy nghalon a'i chanu i
mi pan fydd fy nghof yn pallu.

(o Lawlyfr Arweinwyr y Pioneer Girls)

. . .

. . . pan fo gan bobl oleuni ynddynt eu hunain,
bydd yn tywynnu allan ohonynt. Fe ddown felly
i adnabod ein gilydd wrth gerdded gyda'n gilydd
yn y tywyllwch, heb yr angen i gyffwrdd
wynebau ein gilydd nac i ymyrryd ym
meddyliau'r galon.

ALBERT SHWEITZER (1875 - 1965)

. . .

FFRIND ARBENNIG IAWN

Ni allwn nodi'r union adeg y ffurfir
cyfeillgarwch. Yn yr un modd ag
wrth lenwi cwpan fesul diferyn, y mae'r diferyn
ola yn gwneud i'r dŵr lifo drosodd, felly gyda
chyfres o gymwynasau, mae yna, yn y diwedd,
un sy'n gwneud i'r galon orlifo.

JAMES BOSWELL (1740 - 1795)

. . .

Yn fwy na dim, er mwyn sicrhau cyfeillgarwch,
rhaid cael y teimlad braf, anodd ei ddiffinio o
fod yn gartrefol gyda'ch cymar, yr un dyn neu'r
un ddynes o blith llawer sy'n ddiddorol i chi, sy
mewn tiwn â'ch meddyliau a'ch hoffterau.

JULIA DUHRING

. . .

Yn raddol, gam wrth gam, fe wnawn ddarganfod un ffrind, ynghanol tyrfa ohonynt, sy'n arbennig o hapus o fod gyda ni, un yr ydym yn sylweddoli bod gennym lawer o bethau i'w dweud wrthi. Nid yw ar ben y dosbarth, nid yw'n arbennig o flaenllaw ym meddyliau pobl eraill, dyw hi ddim yn gwisgo er mwyn tynnu sylw ati ei hun . . . ac wrth gerdded adre gyda hi fe sylweddolwn ei bod yn gwisgo'n union yr un sgidie â ni, rhai syml, cryf, nid rhai bregus, llawn steil, fel rhai ein cyfeillion eraill . . .

NATALA GINZBURG, g.1916

. . .

Nid byw mewn harmoni yn unig y mae ffrindiau, fel y dywed rhai, ond byw mewn tiwn.

HENRY DAVID THOREAU (1817 - 1862)

. . .

YMHELL I FFWRDD

Mewn unigrwydd, mewn nychdod, mewn
dryswch, mae gwybod am gyfeillgarwch yn ei
gwneud hi'n bosib dyfalbarhau, hyd yn oed os
na all ffrindiau ein helpu.
Mae eu bodolaeth yn ddigon.
Nid yw cyfeillgarwch yn cael ei wanhau gan
bellter nac amser, gan garchar na rhyfel, gan
ddioddefaint na thawelwch. Yn y pethau hyn y
mae'n gwreiddio ddyfnaf.
O'r pethau hyn y mae'n blodeuo.
PAM BROWN, g. 1928

. . .

Yma, ar y ffin, y mae dail yn disgyn. Ac er mai
barbariaid yw fy holl gymdogion, a'th fod di fil o
filltiroedd i ffwrdd, eto mae yna ddwy gwpan ar
fy mwrdd bob amser.
BRENHINLLIN TANG (618 - 906 OC)

. . .

. . .WRTH FOD YN TI DY HUN

Rwy'n dy garu, nid yn unig am yr hyn wyt ti,
ond am yr hyn wyf fi pan fyddaf gyda thi.

Rwy'n dy garu nid yn unig am yr hyn a
wnaethost ohonot dy hun, ond am yr hyn yr
wyt yn ei wneud ohonof fi.

Rwy'n dy garu am i ti wneud mwy i'm gwneud
yn dda nag y gallai unrhyw gred, a mwy i'm
gwneud yn hapus nag y gallai unrhyw ffawd.

Fe'i gwnaethost heb unrhyw gyffyrddiad, heb
unrhyw air, heb unrhyw arwydd.

Fe'i gwnaethost trwy fod yn ti dy hun. Hwyrach
mai dyna yw bod yn ffrind wedi'r cyfan.

DIENW

. . .

O'r holl bethau y mae doethineb yn eu cyfrannu i wneud bywyd yn gwbl ddedwydd, y mwyaf o ddigon yw bod yn berchen ar gyfeillgarwch.

EPICURUS (341 - 271 CC)

. . .

Gellir dweud nad yw cyfeillgarwch yn anghenraid. Yn union fel athroniaeth a chelfyddyd, nid yw'n fodd i sicrhau bodolaeth; yn hytrach mae'n un o'r pethau sy'n sicrhau gwerth i fodolaeth.

C.S.LEWIS (1898 - 1963)

. . .

Mae cyfeillgarwch yn cynyddu hapusrwydd, ac yn lleddfu diflastod trwy ychwanegu at ein llawenydd a rhannu ein gofid.

JOSEPH ADDISON (1672 - 1719)

. . .

Cariad yw cafiâr a chacen briodas,
hufen, mefus a siampên.
Cyfeillgarwch yw menyn ffres, caws
bwthyn a phaned o de i ddau. Ar
daith bywyd, rhaid wrth gyfuniad o'r
ddau wrth gwrs. Ond mae
cyfeillgarwch yn haws i'w dreulio.

PAM BROWN, g. 1928

. . .

Mae'n ffaith fod cyfeillgarwch i mi
mor sanctaidd â phriodas
dragwyddol.

KATHERINE MANSFIELD (1888 - 1923)

. . .

Dyw bywyd yn ddim heb
gyfeillgarwch.

CICERO (106 - 43 CC)

. . .

DIOLCH

Pe bawn am draddodi araith
ddifrifol i'th ganmol, i ddiolch i ti,
i fynegi fy hoffter ohonot, byddet
yn troi'n biws ac yn ceisio dianc.
Felly wna i ddim. Cymer yn
ganiataol fod y cyfan wedi ei
ddweud.

MARION C. GARRETTY, g. 1917

. . .

Un peth yn unig rwyf yn ei
ddymuno. Cael byw yn ddigon hir
i dalu'n ôl mewn rhyw ffordd am
dy garedigrwydd anhygoel,
caredigrwydd na wneuthum ei
haeddu.

PAM BROWN, g. 1928

Y peth anoddaf un yw methu
creu gwyrth i ffrind.
MAYA V. PATEL, g.1943

. . .

Does dim dwywaith nad wyf wedi
haeddu fy ngelynion, ond ni
chredaf i mi haeddu
fy nghyfeillion.
WALT WHITMAN (1819 - 1892)

. . .

Tra bo gwasanaeth post a theleffon ar gael, tra bo gennym bethau i'w dweud a llawenydd i'w rannu, fe fyddwn yn ffrindiau. Bob amser.

MARION C. GARRETTY, g.1917

. . .

Rwy'n credu bod yna ryw adnabyddiaeth sydyn mewn cyfeillgarwch – rhyw fath o garu. Nid oes angen ond gair wrth fynd heibio neu gyffyrddiad llaw – er hynny mae gwahanu yn golled, ac fe erys poen edifaru gyda ni bob amser.

H.M.E.

. . .

Yr unig bethau sy'n
cyfiawnhau'r
ymdrech o ennill yw
chwerthin a serch
cyfeillion.
HILAIRE BELLOC
(1870 - 1953)

. . .

DYFYNIADAU AM GYFEILLGARWCH

Duw roddodd inni ein perthnasau. Ond, diolch
i Dduw, gallwn ddewis ein cyfeillion.
ETHEL WATTS MUMFORD (1878 - 1940)

. . .

Ymdriniwch â'ch ffrindiau fel lluniau.
Gosodwch nhw yn y golau gorau.
JENNIE JEROME CHURCHILL (1854 - 1921)

. . .

Mae "arhoswch gyda ni" yn eiriau swynol
yng ngeirfa ffrind.
LOUISA MAY ALCOTT (1832 - 1888)

. . .

Yr unigrwydd gwaethaf yw bod yn brin o
gyfeillgarwch didwyll.
FRANCIS BACON (1561 - 1626)

. . .

I mi, heb ffrind i'm llonni, mae pob
ffordd yn arw.
ELIZABETH SHANE, 1920au

. . .

RHANNU GOFID

Nid cymorth ffrindiau
yw'r cymorth mwyaf,
ond gwybod i sicrwydd y
gwnânt roi eu
cymorth i ni.
EPICURUS (341 - 270CC)

. . .

Wnes i erioed groesi dy
drothwy yn magu gofid
heb y sicrwydd y byddwn
yn ymadael hebddo.
THEODOSIA GARRISON
(1874 - 1944)

. . .

Y ffrindiau sy'n cyfri yw'r rhai y gallwch eu
galw am bedwar o'r gloch y bore.

MARLENE DIETRICH, g. 1904

. . .

Ffrind yw'r un sy'n dod i'ch gweld pan fyddwch
yn y ffliw, gydag orennau, y llyfr y buoch yn ysu
am ei ddarllen, a thusw o flodau. Yna, mae'n
gosod y blodau mewn fas, paratoi llymed poeth
i chi – a mynd.

PAM BROWN, g. 1928

. . .

Pan fo ffrind yn gofyn, does yna ddim yfory.

GEORGE HERBERT (1593 - 1633)

Ffrind cywir yw un sy'n cerdded i mewn atoch
pan fo gweddill y byd yn cerdded allan.

WALTER WINCHELL (1879 - 1972)

. . .

RHANNU

Gall galar ofalu amdano'i hun, ond er mwyn
gwerthfawrogi gwir werth gorfoledd, rhaid wrth
rywun i'w rannu.

MARK TWAIN (1835 - 1910)

· · ·

Fe grewyd hapusrwydd i gael ei rannu.

JEAN RACINE (1639 - 1699)

· · ·

Ffrindiau, cymdeithion, cariadon yw'r rhai sy
ein trin yng ngoleuni ein gwerth diderfyn i ni e
hunain. Y rhai sy agosaf atom yw'r rhai sy'n
deall beth mae bywyd yn ei olygu i ni, sy'n
teimlo drosom fel y teimlwn drosom ein huna
sy ynghlwm wrthym mewn goruchafiaeth a
thrychineb, sy'n torri rhwymau ein hunigrwy
HENRY ALONZO MYERS

· · ·

Fy nghyfeillion sy wedi creu stori fy mywyd.
Mewn mil a mwy o ffyrdd maent wedi troi fy
nghyfyngiadau yn freintiau, a'm galluogi i
gerdded yn llawen a thangnefeddus yn y
cysgod a daflwyd gan y pethau y'm
hamddifadwyd ohonynt.
HELEN KELLER (1880 - 1968)

. . .

beth yr ydym yn byw, os nad i wneud bywyd
yn llai anodd i'n gilydd?
MARY ANN EVANS (GEORGE ELIOT)
(1819 - 1880)

. . .